Pete is an Apatosaurus.

He is part of a herd.

Find the food words hidden below.

LEAF   BERRY   STEM   ROOT   FLOWER   TWIG   SEED

FRUIT   HERB   PLANT   FERN   BLOSSOM   GRASS   BARK   TUBER

```
C  C  A  R  J  Z  S  X  B  L  O  S  S  O  M
V  C  A  F  M  S  I  N  G  B  G  S  N  H  J
Q  V  L  E  A  F  Y  K  L  K  R  T  V  F  Z
L  O  C  R  S  E  B  F  Z  U  U  H  K  Y  A
T  P  G  O  T  W  C  U  I  C  J  R  O  F  Z
O  T  L  I  E  R  O  G  Q  T  M  N  B  R  K
N  M  J  A  M  S  O  R  O  O  U  T  W  U  Z
K  J  I  F  N  T  R  Y  E  L  S  B  N  I  T
X  C  B  T  O  T  P  R  D  E  Y  Q  E  T  W
B  K  E  O  V  F  Y  M  U  V  E  F  V  R  B
H  A  R  V  K  L  Q  L  J  S  H  R  F  P  N
C  X  R  L  F  O  C  I  P  B  E  K  V  I  R
U  P  Y  C  T  W  I  G  Y  M  R  E  J  O  V
P  Q  V  P  F  E  R  N  I  A  B  E  D  T  Y
J  D  N  J  Y  R  D  M  B  M  M  G  Q  E  K
```

Help Pete find the berries.

Circle the two matching Stegosauruses.

Where did the herd go?

Unscramble these Apatosaurus words.

OGLN CEKN   _____

HAYVE   _____

TAPNL ARETE   _____

RFUO ESLG   _____

What does Pete see?
Use the key to color in the picture.

1: blue   2: orange   3: brown   4: gray

Pete looks for the herd.
Troodons protect their eggs.

Connect the dots.

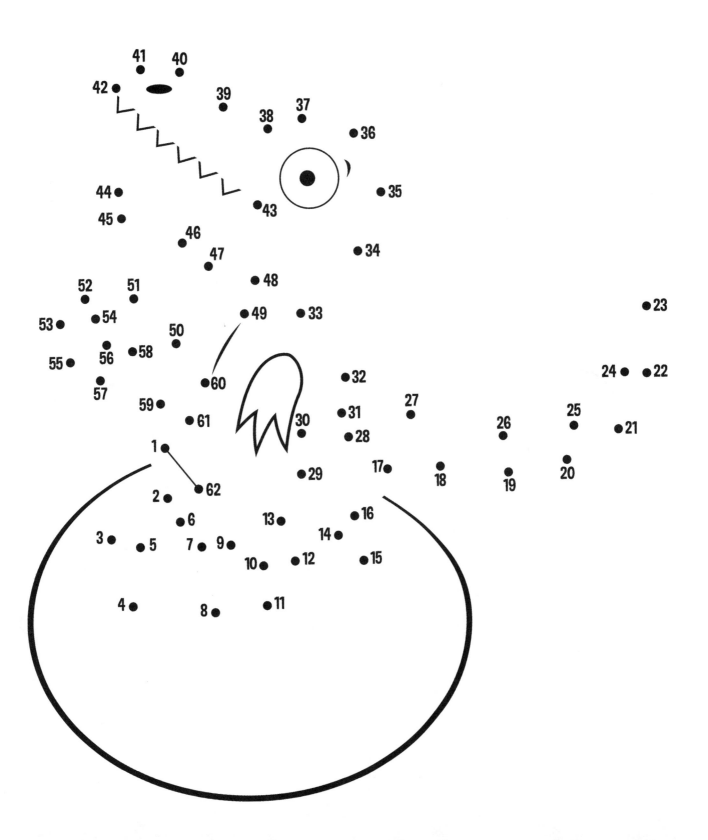

How many words can you make with the letters in . . .

EDMONTOSAURUS?

_____   _____

_____   _____

_____   _____

_____   _____

_____   _____

_____   _____

START

END

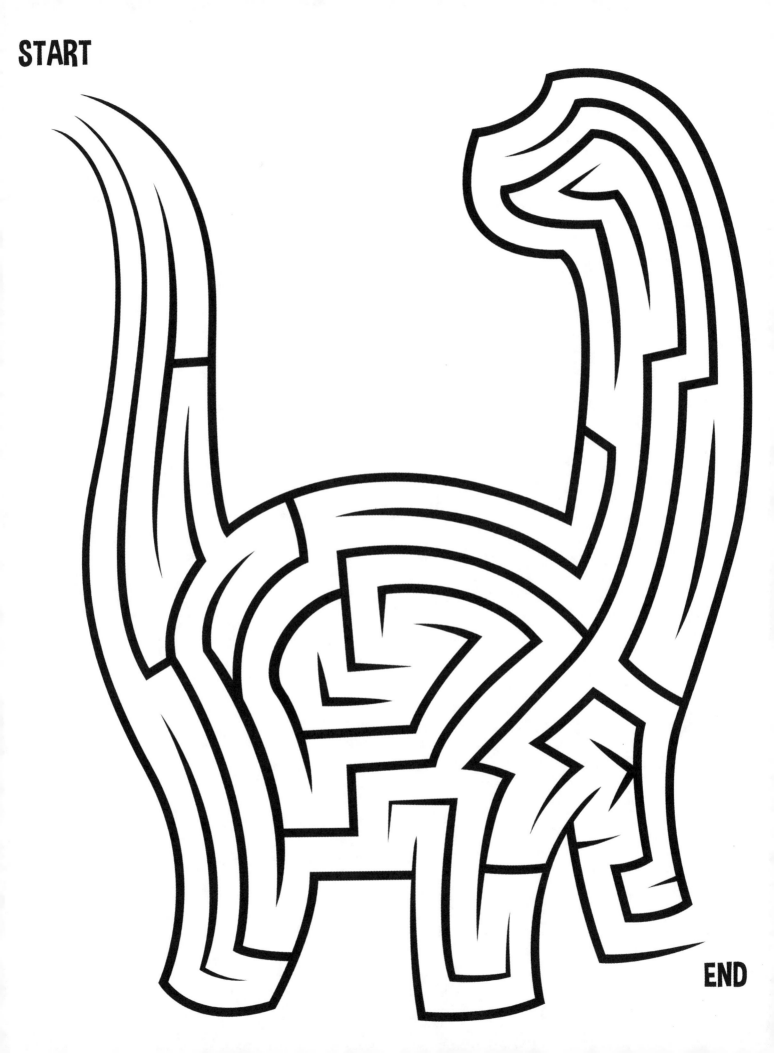

Look at the two pictures. Find ten things that are different.

Oh, no!

Find the dinosaur words hidden below.

SPIKES   ARMOR   CLUB   WINGS   TEETH   CLAWS   PLATES   HORNS

TAIL   BEAK   CHOMP   ROAR   ENORMOUS   EGGS   FRILL

```
A  A  D  Y  P  I  P  L  A  T  I  Z  U  D  F
B  R  H  A  U  J  I  E  S  N  G  C  E  Q  C
Z  L  M  R  O  A  R  G  G  T  H  Z  N  F  F
H  O  N  O  T  X  N  F  O  G  X  O  O  D  P
X  N  V  F  R  I  L  L  G  W  S  I  R  D  C
Q  Y  U  B  W  S  S  N  I  J  A  G  M  N  V
G  Q  A  G  N  P  T  M  N  R  D  M  O  Z  S
T  E  E  T  H  I  G  C  X  V  J  W  U  O  G
P  H  I  V  A  K  S  H  G  T  Q  L  S  S  G
Z  B  X  L  R  E  L  O  N  K  K  F  D  L  W
S  S  E  B  T  S  J  M  J  N  W  Y  G  X  K
J  C  J  A  W  O  E  P  E  L  O  E  B  C  F
B  S  L  A  K  H  O  B  X  F  X  K  M  U  O
U  P  L  U  T  P  S  Y  D  P  O  G  W  V  M
Y  C  X  A  B  A  H  O  J  Z  W  Z  V  A  X
```

START

END

How many words can you make with the letters in . . .

ARGENTINOSAURUS?

_____   _____

_____   _____

_____   _____

_____   _____

_____   _____

_____   _____

Do you see Pete's friend?
Use the key to color in the picture.

1: orange **2:** brown **3:** blue **4:** green **5:** white

Don't mess with a Triceratops!
She fights off Velociraptors.

Unscramble these dinosaur species names.

RCEOPISRTAT _____

ROTONOD _____

RAGUESOTSUS _____

RPIRLAEOVOCT _____

Pete and his friend are thirsty.

Connect the dots.

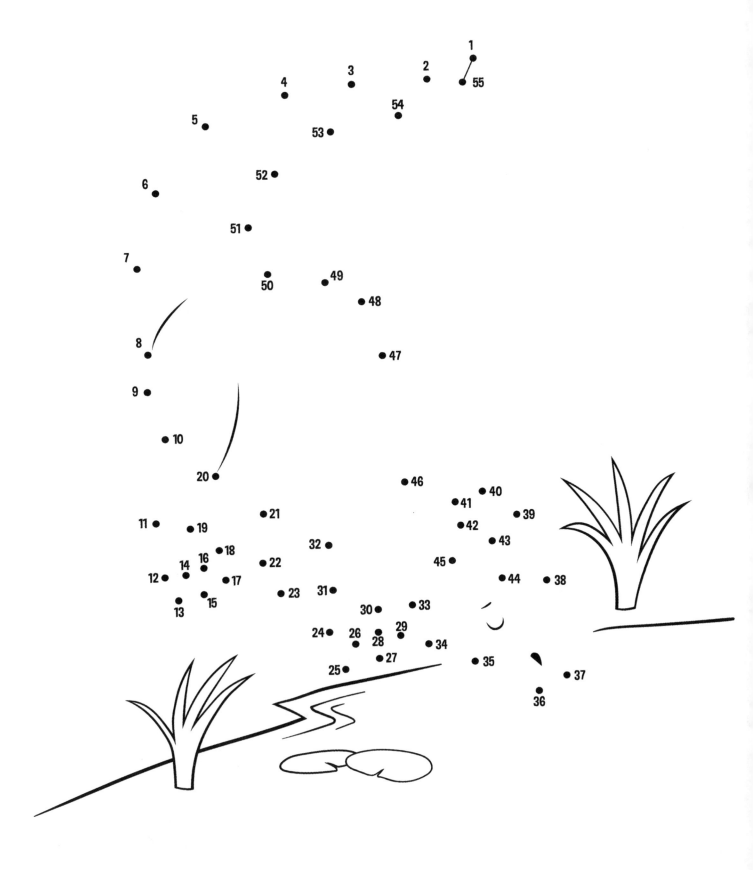

The Parasaurolophuses hear something . . .

Who is in the lake?
Use the key to color in the picture.

1: blue   2: orange   3: yellow   4: green

Spinosaurus!
Run, Pete!

Look at the two pictures. Find ten things that are different.

How many words can you make with the letters in . . .

ARCHAEOCERATOPS?

_____   _____

_____   _____

_____   _____

_____   _____

_____   _____

_____   _____

Connect the dots.

Titanosaurus is really big!

Compsognathus is really small!

Help Pete get through the jungle.

START

END

Circle the two matching Archaeopteryges.

Find the dinosaur species hidden below.

APATOSAURUS   VELOCIRAPTOR   DIPLODOCUS   GALLIMIMUS   SPINOSAURUS

TROODON   STEGOSAURUS   ANKYLOSAURUS   ARCHAEOPTERYX

TRICERATOPS   IGUANODON   OVIRAPTOR   PARASAUROLOPHUS

```
A  Z  B  S  Z  S  P  T  G  F  K  G  S  P  T  P  W  B  J  K
H  G  A  I  S  D  F  N  Y  B  Q  N  J  H  G  H  R  X  O  N
G  A  R  G  E  T  X  N  B  Z  W  B  E  F  H  J  Y  C  Q  E
J  L  C  F  K  M  E  T  R  O  O  D  O  N  W  L  A  U  X  A
S  L  H  V  R  A  A  G  O  D  I  P  L  O  D  O  C  U  S  N
W  I  A  E  K  A  G  F  O  I  N  U  N  A  P  D  X  C  E  K
G  M  E  L  U  P  C  L  S  S  I  M  J  B  C  B  N  D  Z  Y
S  I  O  O  K  A  W  J  F  T  A  F  D  F  A  I  Q  V  F  L
M  M  P  C  F  T  K  M  K  O  J  U  O  Y  P  N  S  P  K  O
X  U  T  I  S  O  Z  S  T  M  L  H  R  F  N  U  L  D  Z  S
A  S  E  R  H  S  B  A  X  R  L  F  C  U  R  G  H  I  X  A
P  A  R  A  S  A  U  R  O  L  O  P  H  U  S  G  L  Z  Y  U
G  F  Y  P  Q  U  O  D  R  P  M  Y  A  F  W  N  U  Y  U  R
C  X  X  T  D  R  E  G  L  L  J  S  W  Q  G  I  E  O  D  U
A  M  Y  O  U  U  U  I  G  U  O  P  J  V  P  K  S  O  Q  S
R  K  W  R  B  S  B  B  X  N  T  T  Y  C  C  U  P  T  D  Y
K  U  T  A  S  N  O  H  I  E  H  O  V  I  R  A  P  T  O  R
O  W  Q  N  N  C  N  P  Y  V  I  G  U  A  N  O  D  O  N  Y
M  M  I  Z  Y  Z  S  A  G  K  J  R  J  B  N  K  J  W  R  Y
J  K  T  R  I  C  E  R  A  T  O  P  S  K  U  A  L  N  X  O
```

Ankylosaurus is tough!

Solve the dino crossword puzzle using the words in the word bank.

arms   salad   eat   nose   lava   legs   feathers   wings   horns

fangs   leaves   berries   claws   eggs   skull   forest

Across

3. This is part of a skeleton.
5. You sniff with this.
6. You do this when you're hungry.
7. These grow on trees.
9. These are for biting.
12. These can be sharp.
14. A healthy snack
15. T-Rex has tiny _____ .

Down

1. Birds are covered in these.
2. Triceratops has three of these.
4. It comes from a volcano.
8. Dinosaurs hatch from these.
9. This place has lots of trees.
10. T-Rex would never order this at a restaurant!
11. These are for running.
13. These are for flying.

Uh-oh! Who's that?
Use the key to color in the picture.

1: orange   **2: yellow**   **3: white**   **4: green**   **5: blue**

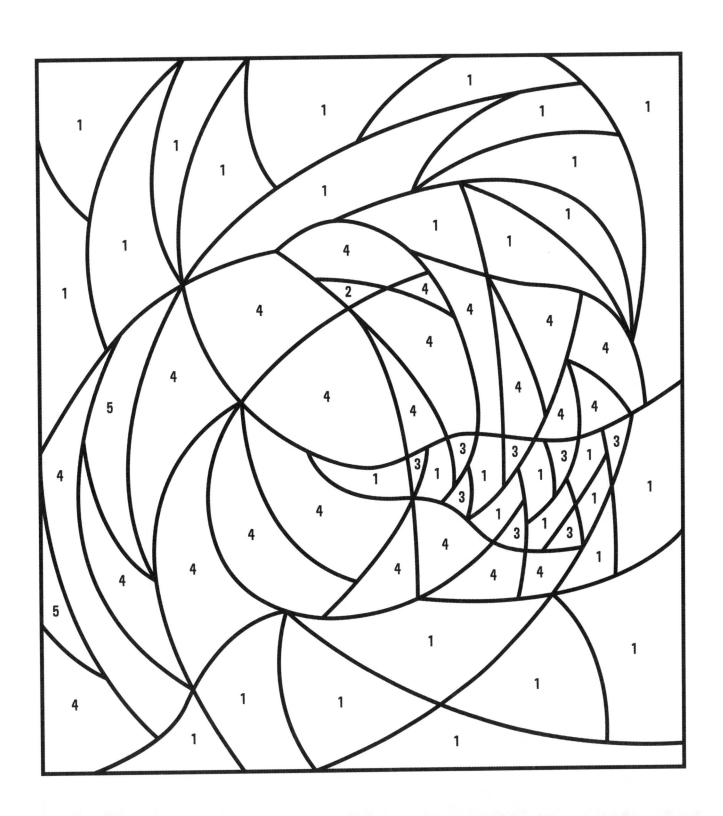

Tyrannosaurus Rex has big, sharp teeth!

Connect the dots.

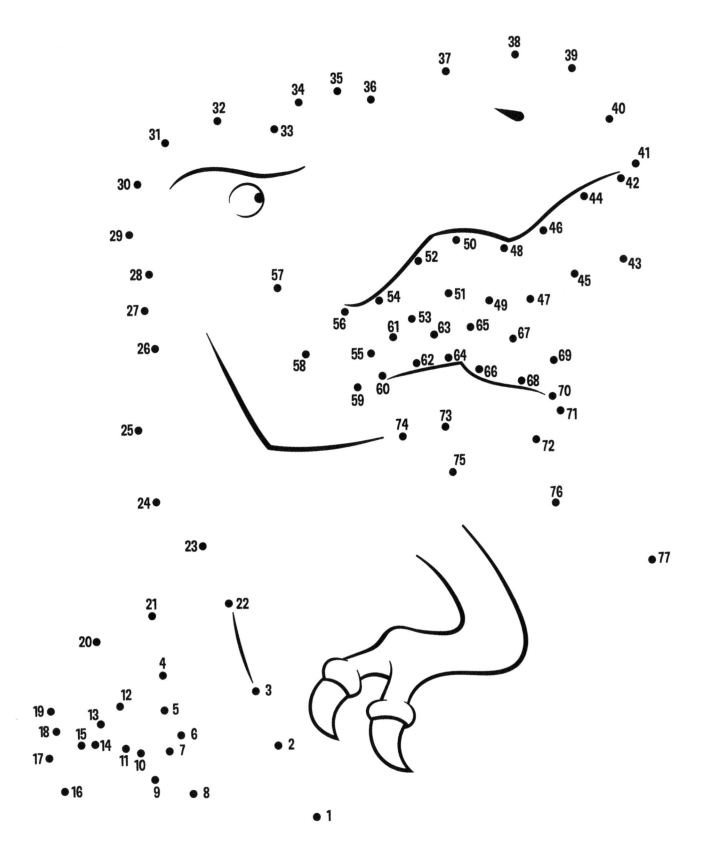

Don't mess with us, T-Rex!

Unscramble these T-Rex words.

EHGU   _____

RHPSA   _____

YCSRA   _____

NSGFA   _____

ARPTEDRO   _____

Pete hears something. It's his herd!

Help Pete reach the top of the hill.

END

START

How many words can you make with the letters in . . .

PACHYCEPHALOSAURUS?

_____   _____

_____   _____

_____   _____

_____   _____

_____   _____

_____   _____

Use the key to color in the picture.

1: blue   2: white   3: green   4: light green   5: light blue

Pete is home!

Paleontologists study dinosaur fossils.

Find the paleontology words hidden below.

PALEONTOLOGIST   FOSSIL   SAUROPOD   AMBER   CRETACEOUS   HOLOCENE

JURASSIC   MINERALS   MUSEUM   HERBIVORE   CARNIVORE

SPECIES   SEDIMENT   BONES   PREHISTORIC

```
D  M  C  J  J  O  W  F  P  T  B  W  C  Q  N  A  Q  Y  U  P
X  P  A  L  E  O  N  T  O  L  O  G  I  S  T  M  P  X  W  B
J  V  K  P  O  A  J  E  E  A  H  R  G  R  G  B  C  R  D  J
I  G  V  W  A  E  H  W  Y  A  O  U  M  P  K  E  X  S  Y  I
O  C  B  U  K  F  O  S  S  I  L  G  S  Z  J  R  N  C  W  M
O  S  S  E  D  I  M  E  N  T  O  V  U  A  F  D  S  E  L  Q
B  Y  F  C  G  V  M  T  T  M  C  B  G  M  U  K  W  R  I  A
W  L  D  I  M  G  F  D  O  E  E  M  M  E  X  R  G  Z  K  L
Z  H  L  M  U  S  E  U  M  R  N  I  B  I  X  Q  O  J  G  R
Y  M  Q  N  W  S  Y  Z  O  L  E  F  I  G  Y  D  S  P  R  J
R  I  H  E  R  B  I  V  O  R  E  O  I  R  K  U  C  F  O  K
Q  N  Y  K  J  N  I  V  Z  C  E  F  U  R  O  G  H  M  R  D
G  E  K  W  U  N  E  K  B  W  E  S  D  E  L  N  Z  M  I  X
T  R  P  G  R  O  W  P  O  O  B  O  C  A  E  P  B  I  U  P
O  A  E  A  A  E  U  H  S  E  N  A  Q  G  D  M  J  E  N  B
O  L  C  R  S  I  K  T  X  H  T  E  P  W  N  I  O  V  V  T
S  S  L  N  S  U  Z  R  H  E  C  Q  S  A  Z  U  Z  A  B  E
P  R  E  H  I  S  T  O  R  I  C  W  W  N  L  A  D  M  P  J
Q  W  M  A  C  O  N  C  S  P  E  C  I  E  S  E  S  S  T  X
V  Q  J  S  Y  F  M  D  X  I  E  O  C  C  Z  D  E  H  T  A
```

Unscramble these paleontology words.

LKUSL   _____

NICEESC   _____

HVLEOS   _____

UEMSMU   _____

REICVSDO   _____

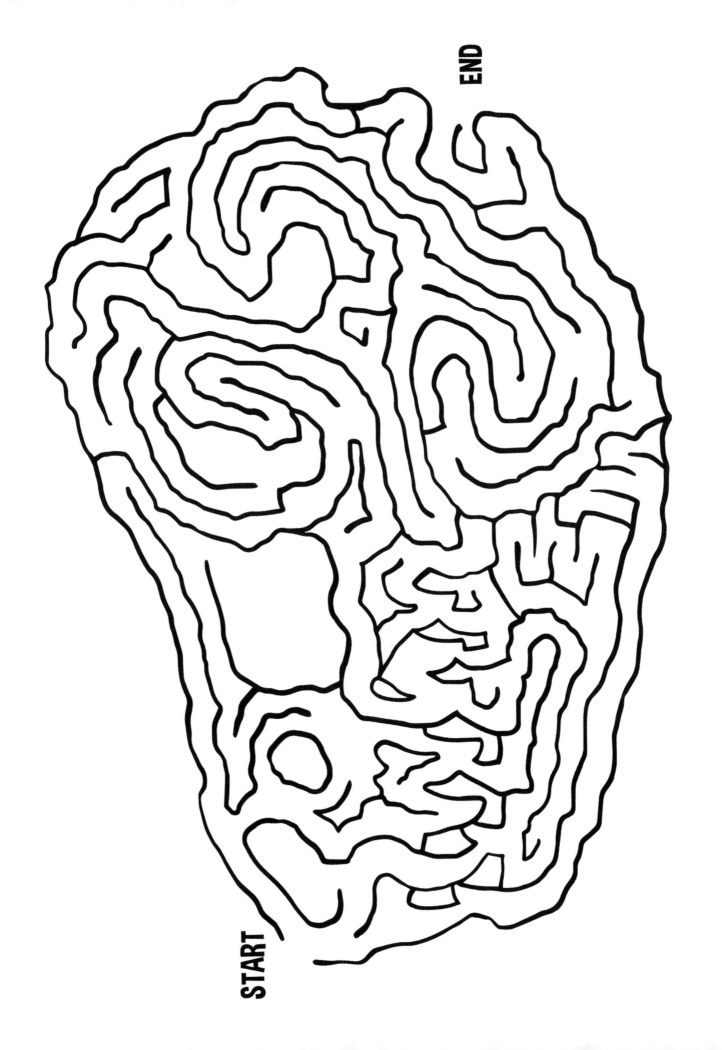

Draw Pete!
(Use a pencil so you can erase.)

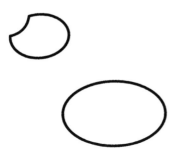

Step 1: Draw Pete's head and body. His body is an oval. His head is an oval with a bite taken out.

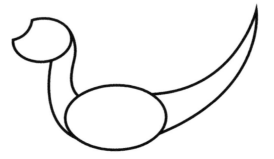

Step 2: Draw Pete's neck and tail.

Step 3: Draw Pete's legs.

Step 4: Erase the extra lines.

Step 5: Draw Pete's face. Give him a smile!

Step 6: Add extra details, like toes and spots. All finished!

Draw a T-Rex!
(Use a pencil so you can erase.)

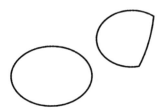

Step 1: Draw the head and body.
The head looks like an oval cut in half.

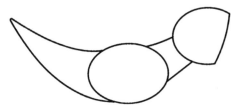

Step 2: Draw the tail and neck.

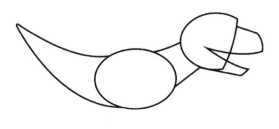

Step 3: Draw the snout. Make sure the mouth is open.

Step 4: Draw the legs and arms.

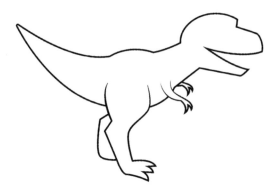

Step 5: Erase the extra lines.

Step 6: Draw the face. Add extra details, like stripes. And don't forget the big, sharp teeth!

Answer Key

Page 5

Page 7

Page 9

Page 13

Unscramble these Apatosaurus words.

OGLN CEKN   long neck
HAYVE   heavy
TAPNL ARETE   plant eater
RFUO ESLG   four legs

Page 15

Page 19

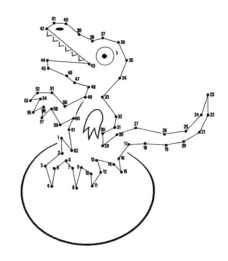

Page 21

How many words can you make with the letters in...
EDMONTOSAURUS?

Sat	Root	Roam
Mode	Tame	Most
Note	Dare	Sun
Ton	Soon	Suds
Stare	Stood	
Soot	Mood	

Page 23

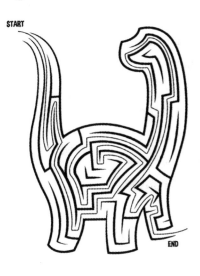

Page 25

Page 29

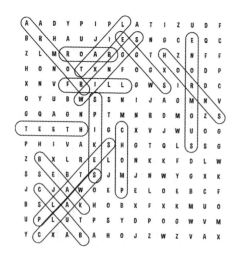

Page 31

Page 33

How many words can you make with the letters in...
ARGENTINOSAURUS?

Ton	Tear	Stone
Tin	Gear	Tar
Son	Great	Notes
Stain	Gross	Store
Stare	Nose	Ring
Soar	Toes	

Page 35

Page 39

Unscramble these dinosaur species names.

RCEOPISRTAT Triceratops
ROTONOD Troodon
RAGUESOTSUS Stegosaurus
RPIRLAEOVOCT Velociraptor

Page 43

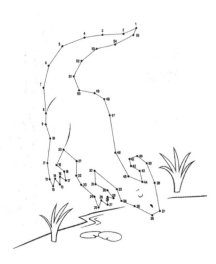

Page 47

Page 51

Page 53

How many words can you make with the letters in...ARCHAEOCERATOPS?

Stop	Trap	Trace
Spot	Race	Hope
Chores	Store	Crash
Chart	Chase	Heat

Page 55

Page 61

Page 63

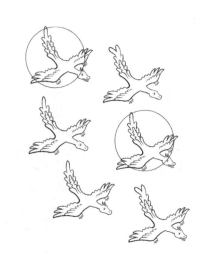

Page 65

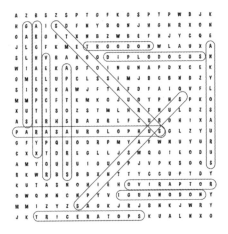

Page 69

Page 71

Across

3. This is part of a skeleton.
5. You sniff with this.
6. You do this when you're hungry.
7. These grow on trees.
9. These are for biting.
12. These can be sharp.
14. A healthy snack.
15. T-Rex has tiny _____ .

Down

1. Birds are covered in these.
2. Triceratops has three of these.
4. It comes from a volcano.
8. Dinosaurs hatch from these.
9. This place has lots of trees.
10. T-Rex would never order this at a restaurant!
11. These are for running.
13. These are for flying.

Page 73

Page 77

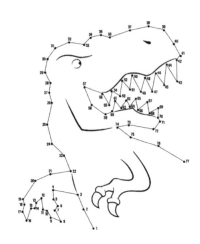

Page 81

Unscramble these
T-Rex words.

EHGU huge
RHPSA sharp
YCSRA scary
NSGFA fangs
ARPTEDRO predator

Page 85

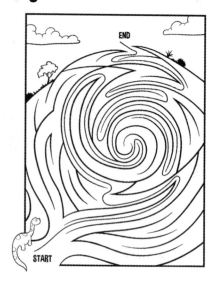

Page 87

How many words can you make with the letters in...
PACHYCEPHALOSAURUS?

Ape	Hose	Pace
Chop	plus	Pals
Yes	Cape	Hole
Solar	Heap	Slash
Rope	Clay	Shape
Space	Classy	

Page 89

Page 95

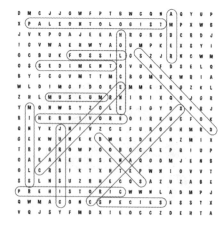

Page 97

Unscramble these
paleontology words.

LKUSL skull
NICEESC science
HVLEOS shovel
UEMSMU museum
REICVSDO discover

Page 99

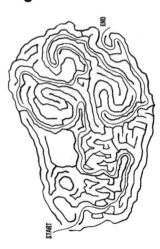

Sky Pony Press books may be purchased in bulk at special discounts for sales promotion, corporate gifts, fund-raising, or educational purposes. Special editions can also be created to specifications. For details, contact the Special Sales Department, Sky Pony Press, 307 West 36th Street, 11th Floor, New York, NY 10018 or info@skyhorsepublishing.com.

Sky Pony® is a registered trademark of Skyhorse Publishing, Inc.®, a Delaware corporation.

Visit our website at www.skyponypress.com.

10 9 8 7 6 5 4 3 2 1

Library of Congress Cataloging-in-Publication Data is available on file.

Cover design by Daniel Brount
Cover illustration by Bryan Langdo

Print ISBN: 978-1-5107-6335-7

Printed in the United States of America